Prix du cahier :
20 centimes.

Propriété de l'Auteur
Droits de traduction et de reproduction
réservés pour tous pays.

SOLFEGE PRATIQUE

ET

PRINCIPES

DE

CALLIGRAPHIE MUSICALE

EN SIX CAHIERS

PAR

FRANÇOIS SARRE

Professeur de Musique

TROISIÈME ÉDITION

DISPOSITION DE LA MÉTHODE DANS CHAQUE CAHIER :

1° Théorie indispensable (en tête des exercices);
2° Exercices gradués destinés à être lus, chantés ou expliqués, puis recopiés;

3° Théorie complémentaire (2ᵐᵉ page de la couverture);
4° Questionnaire musical dont les réponses devront être apprises par cœur (3ᵐᵉ page de la couverture).

2ᵐᵉ CAHIER

Appartenant à l'Élève ___________

PARIS

SANARD, DERANGEON ET Cⁱᵉ
LIBRAIRES-ÉDITEURS
174, rue Saint-Jacques

HENRY-ABEL SIMON
ÉDITEUR DE MUSIQUE
15 et 17, rue des Martyrs

1886

THÉORIE COMPLÉMENTAIRE
DEUXIÈME CAHIER

Cette partie théorique de la méthode s'adresse surtout au professeur. Elle complète les explications données dans le courant du cahier, en tête des différents exercices.—Chaque cahier devant être recommencé plusieurs fois par la même classe, le maître reviendra souvent sur le même sujet en l'expliquant d'une façon simple et en rapport avec l'âge des élèves. — On ne devra jamais traiter plus d'une question dans chaque leçon. — Il sera toujours très avantageux de faire concorder l'explication théorique avec l'application d'un exercice sur le même sujet. On n'aura pour cela qu'à observer les renvois à la théorie complémentaire que l'on rencontrera dans le courant de l'ouvrage.

Pour l'application générale de la Méthode .. lire? les Notes de l'Auteur, à la fin du premier cahier.

Fonction des Notes dans le discours musical.

Le caractère particulier de chaque degré de la gamme rend nécessaires certaines désignations qui servent à établir les rapports que les sons ont entre eux. Le premier degré est appelé *tonique*, le deuxième *sus-tonique*, le troisième *médiante*, le quatrième *sous-dominante* (1), le cinquième *dominante*, le sixième *sus-dominante*, le septième *sensible*.

On apprendra par cœur la gamme sous cette forme : tonique, sus-tonique, médiante, etc.

Tétracordes.

En outre de la disposition par tons et demi-tons que nous connaissons, la gamme est encore divisée en deux parties égales appelées *tétracordes*. Exemple :

On remarquera :

1º Que les deux tétracordes sont absolument identiques dans la disposition de leurs intervalles, qu'ils comprennent chacun deux tons et un demi-ton et qu'ils sont séparés par un intervalle d'un ton (fa-sol);

2º Que les deux demi-tons de la gamme sont placés : l'un entre la *médiante* et la *sous-dominante* (mi-fa), l'autre entre la *sensible* et la *tonique* (si-do);

3º Que dans les limites des deux registres de la voix d'enfant primitivement établis le premier tétracorde doit être chanté en voix de poitrine et le deuxième en voix de tête.

Intervalles.

L'étude des principaux intervalles est contenue dans les exercices des pages 6, 7, 8 et 9.

Un intervalle est majeur ou mineur. L'intervalle majeur contient toujours un demi-ton de plus que l'intervalle mineur.

On a vu que sur les sept degrés conjoints de la gamme cinq sont séparés par un ton et deux par un demi-ton. Il résulte de ce fait que la seconde *do-ré*, par exemple, contient *un ton*, tandis que la seconde *mi-fa* ne contient qu'un *demi-ton*. La première est majeure, la deuxième est mineure.

---

(1) Nous avons conservé au quatrième degré de la gamme l'appellation qu'on lui donne généralement, mais qui désigne assez mal sa fonction tonale. Il nous suffit de reproduire ici ce que nous avons déjà dit à ce sujet dans notre étude sur *la Musique à l'école*, publiée dans le *Bulletin musical* : « C'est par erreur que dans les accords attractifs de la musique moderne on continue à donner au quatrième degré de la gamme diatonique la dénomination de *sous-dominante*. Cette note est réellement une *sus-médiante* en raison de sa résolution forcée sur la médiante. L'appellation de sous-dominante ne trouve sa raison d'être que dans la cadence plagale rarement employée. »

Ce qui se produit pour l'intervalle de seconde se produira inévitablement pour les intervalles qui la contiennent un certain nombre de fois.

Ordre progressif des intervalles simples :

L'Unisson (intervalle nul).	
La seconde mineure contient..............	1 demi-ton.
— majeure —	1 ton.
La tierce mineure —	1 ton et 1 demi-ton.
— majeure —	2 tons.
La quarte mineure ou *quarte juste* contient	2 tons et 1 demi-ton.
— majeure ou *triton* —	3 tons.
La quinte mineure contient..............	2 tons et 2 demi-tons.
— majeure ou *quinte juste* contient	3 tons et 1 demi-ton.
La sixte mineure contient..............	3 tons et 2 demi-tons.
— majeure —	4 tons et 1 demi-ton.
La septième mineure contient..............	4 tons et 2 demi-tons.
— majeure —	5 tons et 1 demi-ton.
L'octave (toujours juste) contient..............	5 tons et 2 demi-tons.

Guidé par cet exposé, on pourra se rendre un compte exact du contenu des intervalles en analysant ceux que présentent les exemples des pages déjà citées.

Renversement des intervalles.

Le renversement d'un intervalle peut se produire de deux manières : 1º en baissant d'une octave le son supérieur; 2º en élevant d'une octave le son inférieur.

L'intervalle majeur renversé devient mineur, le mineur devient majeur. L'intervalle juste renversé reste juste.

Le renversement de l'unisson produit l'octave.

	la seconde	—	la septième.
	la tierce	—	la sixte.
	la quarte	—	la quinte.
	la quinte	—	la quarte.
	la sixte	—	la tierce.
	la septième	—	la seconde.
	l'octave	—	l'unisson.

On se rendra facilement compte des effets du renversement des intervalles en en faisant l'expérience au tableau noir ou en se servant des exemples contenus dans le cahier.

Accords.

Tout accord est formé d'un ensemble de notes pouvant être chantées simultanément. L'accord *parfait* et l'*accord de septième de dominante* sont les deux accords fondamentaux de l'harmonie moderne.

Un accord est *consonnant* s'il frappe agréablement l'oreille. L'accord consonnant ne contient fondamentalement que trois notes. — Un accord est *dissonant* ou *attractif* quand il réclame un complément ou une *résolution*.

Les notes qui composent un accord (quel que soit leur nombre) constituent sa *forme radicale* par une superposition de tierces. La modification de la forme radicale, occasionnée par le déplacement des notes extrêmes élevées ou baissées d'une octave, s'appelle *renversement*.

(Voir à la page 3 de la couverture la suite de la Théorie complémentaire.)

BLANCHE ET RONDE (SUITE)

NOTA.—Si l'exécution du cahier précédent a été soignée, les élèves pourront, mainte-
nant, se dispenser d'écrire le nom de la note; mais on n'oubliera pas que la lecture
rythmée et le chant de l'exercice devront toujours précéder la copie.

FORMATION DU SIGNE $\mathcal{C}$ usité pour indiquer la mesure à $\frac{4}{4}$.

(Ce signe s'obtient en deux traits (1er trait: $\mathcal{C}$, –2me trait: $\mathcal{C}$.)

APPLICATION.

ACCORD PARFAIT (voir théorie complémentaire.)

BARRE DE MESURE (à main levée)

La barre de mesure est une ligne verticale qui sert à limiter rigoureusement la valeur de chaque mesure. Toute barre de mesure doit s'obtenir sans le secours de la règle.

DOUBLE BARRE (à main levée)

La double barre se place à la fin du morceau ou entre deux périodes

BARRE DE REPRISE (à main levée)

La barre de reprise est une double barre précédée ou suivie de deux points. Précédée de deux points elle renvoit au début du morceau ou à la barre de reprise qui précède; suivie de deux points, elle marque l'endroit où il faudra revenir.

ÉTUDE DES INTERVALLES.

On appelle *intervalle*, la distance plus ou moins grande, qui sépare deux sons sur la portée. Les intervalles simples sont: l'*unisson* (répétition du même son), la *seconde*, la *tierce*, la *quarte*, la *quinte*, la *sixte*, la *septième* et l'*octave*.

Les intervalles de *neuvième, dixième*, etc. qu'on pourrait ajouter sont appelés intervalles redoublés. La neuvième n'est que le redoublement de la seconde, la dixième est le redoublement de la tierce, etc. (voir théorie complémentaire)

Les intervalles sont *ascendants* ou *descendants* selon qu'ils vont dans le sens de la gamme ascendante ou de la gamme descendante. On dit aussi, pour la même raison, qu'un intervalle est supérieur ou inférieur.

Signe du mouvement ascendant: ⟋ ; signe du mouvement descendant: ⟍

Chaque intervalle peut être représenté par son chiffre correspondant.

UNISSON.

SECONDE.

ÉTUDE DES INTERVALLES (SUITE)

TIERCE

ÉTUDE DES INTERVALLES (SUITE)

QUINTE

SIXTE

ÉTUDE DES INTERVALLES (SUITE)

SEPTIÈME

OCTAVE

PAUSE

La *pause* est un *signe de silence* dont la durée égale celle de la mesure entière.
Elle se forme d'un seul trait de plume tracé au dessous de la 4ᵐᵉ ligne de la portée.

DEMI - PAUSE

La *demi-pause* est un *signe de silence* dont la durée égale celle de la blanche. Elle
se forme d'un seul trait de plume tracé *au dessus* de la 3ᵐᵉ ligne de la portée.

PAUSE ET DEMI-PAUSE (SUITE.)

ACCORD DE SEPTIÈME DE DOMINANTE

(voir théorie complémentaire)

EXERCICE À APPRENDRE PAR CŒUR

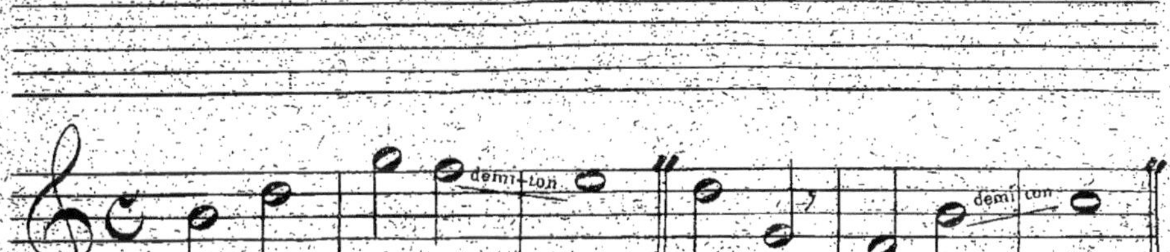

RÉCAPITULATION DES INTERVALLES.

L'élève ajoutera dans le modèle la note qui doit former l'intervalle indiqué par le chiffre en observant bien si le mouvement est *ascendant* ou *descendant*.

LIAISON

La *liaison* placée entre deux notes de même degré indique que ces deux notes n'en formeront qu'une : la deuxième n'est qu'une prolongation de la première (*).

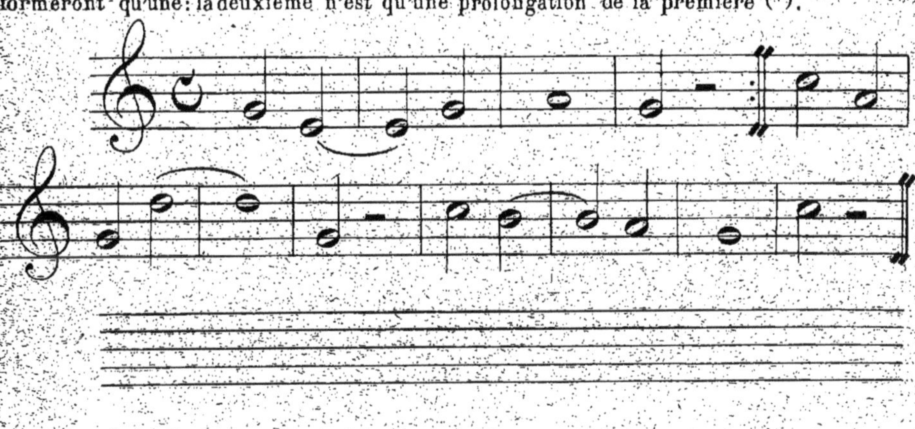

(*) La liaison s'emploie aussi dans un autre cas; nous en parlerons plus loin.

EXERCICE.

Accord parfait.

L'*accord parfait* est un accord consonnant qui réunit les cordes principales de la gamme; il est composé de trois notes. Ce sont : la tonique, la médiante et la dominante. Ces notes chantées simultanément frappent agréablement l'oreille et donnent le sentiment du repos.

On se rendra compte de ce fait en divisant la classe en trois groupes pour faire chanter à chacun et en même temps une des trois notes : do, mi, sol (voir page 3).

Aux trois notes indispensables on peut ajouter la tonique supérieure. On a déjà vu que cette huitième note de la gamme n'est qu'une répétition de la première.

Accord de septième de dominante.

L'*accord de septième de dominante* est un accord dissonnant ou attractif; il est composé de quatre notes. Ce sont : la dominante, la sensible, la sus-tonique et la sous-dominante. Il tire son nom de ses deux notes extrêmes : la dominante et sa septième supérieure (voir page 13).

L'accord de septième de dominante et ses accords dérivés fournissent à la musique moderne ses plus puissants moyens d'expression en ce que le contact des notes qui les composent éveillent dans l'auditeur un désir. La satisfaction plus ou moins retardée de ce désir, selon que la résolution se fait plus ou moins attendre, a fait dire avec vérité que la musique exprime les émotions de l'âme.

La résolution de l'accord de septième de dominante se produit par la marche ascendante de la sensible sur la tonique (demi-ton) et par la descente de la sous-dominante à la médiante (demi-ton). La dominante et la sus-tonique sont libres dans leurs mouvements.

Dictée musicale *(Cours élémentaire, 2ᵉ année)*

La préparation de la dictée musicale devra se faire désormais par le chant de la gamme, de l'accord parfait et de l'accord de septième de dominante suivi de sa résolution. Exemple :

Dictée vocale. — Après avoir donné *le nom* de la note qu'il veut prendre pour point de départ, le maître vocalisera, *en battant la mesure à quatre temps*, un petit nombre de notes (blanches et rondes ou silences correspondants), que les élèves répéteront en solfiant et en battant la mesure.

Dictée écrite. — On procédera à la dictée écrite comme à la dictée vocale, avec cette différence que les élèves commenceront par écrire dans leur véritable rhythme les notes vocalisées par le maître. — Le sujet de dictée une fois épuisé, on chantera l'exercice sans s'arrêter et en battant la mesure. Chaque élève corrigera ses fautes instantanément, et on terminera par la récapitulation de la dictée chantée une dernière fois.

Afin de ne pas dépasser la force des élèves de sa classe le maître pourra choisir dans le cahier même ses sujets de dictée, comme nous l'avons déjà dit.

QUESTIONNAIRE MUSICAL

DEUXIÈME CAHIER

Le *Questionnaire musical* sera, tout à la fois, un résumé de la théorie complète de la musique et une récapitulation qui établira un lien entre tous les degrés de la méthode. Le maître intercalera un des paragraphes de ce *Questionnaire* dans chaque leçon de chant en l'entourant des détails qu'il croira nécessaires. On insistera sur les questions difficiles ou abrégées : 1° En faisant au tableau noir des démonstrations fréquentes; 2° en faisant concorder le sujet de la récitation avec l'application des exercices de la méthode; 3° en s'appuyant sur les explications de la *Théorie indispensable* et de la *Théorie Complémentaire*.

Les réponses seront apprises par cœur et récitées par les élèves. On n'abandonnera jamais un cahier sans la complète récitation du *Questionnaire*.

I

Qu'est-ce qui sert à fixer la place de chaque note dans la portée ?

RÉPONSE. — C'est la *clé* qui sert à fixer la place de chaque note dans la portée.

Sur quelle ligne de la portée est placée la clé de sol ?

R. — La *clé de sol* est placée sur la deuxième ligne de la portée.

Qu'appelle-t-on degrés conjoints ?

R. — On appelle *degrés conjoints* ceux qui vont sans interruption dans l'ordre régulier de la gamme ascendante ou descendante.

Dans quel cas deux notes vont-elles par degrés disjoints ?

R. — Deux notes vont par *degrés disjoints* quand entre elles on peut en placer d'autres.

Combien de degrés de la gamme sont à distance d'un ton ?

R. — Cinq.

Citez-les.

R. — Do-ré, ré-mi, fa-sol, sol-la, la-si.

Combien de degrés de la gamme sont à distance d'un demi-ton ?

R. — Deux.

Citez-les.

R. — Mi-fa, si-do.

II

Quelle est l'unité des valeurs rhythmiques ?

R. — C'est la ronde qui est l'*unité* des valeurs rhythmiques.

Comment indique-t-on la mesure dans l'écriture musicale ?

R. — On indique la mesure au début du morceau par un *fractionnement de la ronde*, unité toujours sous-entendue.

Dans le fractionnement de l'unité qui indique la mesure, que signifie le chiffre supérieur ou numérateur ?

R. — Le chiffre supérieur ou numérateur donne le *nombre* des temps que devra contenir chaque mesure.

Que signifie le chiffre placé au-dessous ou dénominateur ?

R. — Le dénominateur donne la *valeur* du temps comme sous-multiple de l'unité.

III

Qu'est-ce qu'une barre de mesure ?

R. — La *barre de mesure* est une ligne verticale qui traverse la portée et qui sert à limiter rigoureusement le contenu de chaque mesure.

Dans quel cas fait-on usage de la double-barre ?

R. — La *double-barre* se place à la fin du morceau ou entre deux périodes.

Qu'est-ce qu'une barre de reprise ?

R. — La *barre de reprise* est une double barre précédée ou suivie de deux points.

Que commande la barre de reprise précédée de deux points ?

R. — Précédée de deux points, la barre de reprise renvoit au début du morceau ou à la barre de reprise qui précède.

Quelle indication donne la barre de reprise suivie de deux points?

R. — La barre de reprise suivie de deux points marque l'endroit où il faudra revenir.

IV

Récitez la gamme par tonique, sus-tonique, etc.

R. — Tonique, sus-tonique, médiante, sous-dominante, dominante, sus-dominante, sensible, tonique.

Où sont placés les demi-tons dans cette nouvelle appellation des degrés de la gamme?

R. — Les deux demi-tons de la gamme sont placés: l'un entre la médiante et la sous-dominante, et l'autre entre la sensible et la tonique.

En combien de tétracordes est divisée la gamme?

R. — La gamme est divisée en deux tétracordes.

Quelle distance sépare les deux tétracordes?

R. — Les deux tétracordes sont toujours séparés par un ton.

Les deux tétracordes sont-ils absolument semblables?

R. — Oui, les deux tétracordes sont absolument semblables dans leur disposition par tons et demi-tons.

Récitez-les en les séparant par un léger repos.

R. — Do ré mi fa, — sol la si do.

Dans quel ordre se présentent les tons et demi-tons que comprend chaque tétracorde?

R. — Deux tons et un demi-ton.

V

Qu'est-ce qu'un intervalle en musique?

R. — On appelle intervalle la distance plus ou moins grande qui sépare deux sons sur la portée.

Quels sont les intervalles simples?

R. — Les intervalles simples sont: l'unisson (répétition du même son), la seconde, la tierce, la quarte, la quinte, la sixte, la septième et l'octave.

Pourquoi ces intervalles sont-ils appelés simples?

R. — Parce qu'ils ne dépassent pas les limites de la gamme.

Quels sont les intervalles redoublés qui font suite aux intervalles simples?

R. — Les intervalles redoublés sont: la neuvième, la dixième, etc.

Pourquoi ces intervalles sont-ils appelés redoublés?

R. — Parce que la neuvième n'est que le redoublement de la seconde, la dixième est le redoublement de la tierce, etc.

Comment les intervalles peuvent-ils être ascendants et descendants?

R. — Les intervalles sont ascendants ou descendants selon qu'ils vont dans le sens de la gamme ascendante ou de la gamme descendante.

Qu'est-ce qui distingue l'intervalle majeur de l'intervalle mineur?

R. — L'intervalle majeur contient toujours un demi-ton de plus que l'intervalle mineur.

Comment se produit le renversement d'un intervalle?

R. — Le renversement d'un intervalle peut se produire de deux manières: 1° en baissant d'une octave le son supérieur; 2° en élevant d'une octave le son inférieur.

Faites connaître les deux effets du renversement des intervalles simples.

R. — L'unisson renversé produit l'octave, la seconde renversée produit la septième, la tierce renversée produit la sixte, la quarte renversée produit la quinte, la quinte renversée produit la quarte, la sixte renversée produit la tierce, la septième renversée produit la seconde, l'octave renversée produit l'unisson.

Que produit l'intervalle majeur renversé?

R. — L'intervalle majeur renversé produit un intervalle mineur.

Que produit l'intervalle mineur renversé?

R. — L'intervalle mineur renversé produit un intervalle majeur.

VI

Qu'appelle-t-on signes de silence?

R. — On appelle signes de silence certains signes de notation à l'aide desquels on indique dans la phrase musicale des repos plus ou moins prolongés.

Qu'est-ce qu'une pause?

R. — La pause est un signe de silence dont la durée est égale à celle de la mesure entière.

Qu'est-ce qu'une demi-pause?

R. — La demi-pause est un signe de silence dont la durée est égale à celle de la blanche.

VII

Qu'est-ce qu'un accord?

R. — Un accord est un ensemble de notes pouvant être chantées simultanément.

Tous les accords frappent-ils l'oreille de la même manière?

R. — Non.

Pourquoi?

R. — Parce que les uns sont consonnants et les autres dissonnants.

Dans quel cas un accord est-il appelé consonnant?

R. — Un accord est consonnant quand il frappe agréablement l'oreille.

Combien l'accord consonnant complet contient-il de sons?

R. — L'accord consonnant complet contient trois sons différents.

Dans quel cas un accord est-il appelé dissonnant?

R. — Un accord est dissonnant quand il réclame un complément ou résolution.

Quelle superposition d'intervalles constitue la forme radicale des accords?

R. — La forme radicale des accords présente toujours une superposition de tierces.

Comment se produit le renversement d'un accord?

R. — Le renversement d'un accord se produit par le déplacement des notes extrêmes élevées ou baissées d'une octave.

VIII

Quels sont les deux accords principaux de la musique moderne?

R. — Ce sont l'accord parfait et l'accord de septième de dominante.

Qu'est-ce que l'accord parfait?

R. — L'accord parfait est un accord consonnant.

De quelles notes est-il composé?

R. — L'accord parfait est composé de la tonique, de la médiante et de la dominante.

Quel sentiment donne l'audition de cet accord?

R. — L'audition de l'accord parfait donne le sentiment du repos.

Qu'est-ce que l'accord de septième de dominante?

R. — L'accord de septième de dominante est un accord dissonnant.

De quelles notes est-il composé?

R. — L'accord de septième de dominante est composé de la dominante, de la sensible, de la sus-tonique et de la sous-dominante.

Quel effet produit sur l'auditeur le contact des notes qui composent l'accord de septième de dominante?

R. — L'audition de l'accord de septième de dominante éveille en nous un désir. La satisfaction de ce désir s'appelle résolution.

Comment se produit la résolution de l'accord de septième de dominante?

R. — La résolution de l'accord de septième de dominante se produit par la marche ascendante de la sensible vers la tonique (demi-ton) et par la descente de la sous-dominante à la médiante (demi-ton). La dominante et la sus-tonique sont libres dans leurs mouvements.

IX

Qu'est-ce qu'une liaison?

R. — La liaison est un trait ou ligne courbe qui, placé entre deux notes de même degré, indique que ces deux notes n'en formeront qu'une: la deuxième ne sera que la prolongation de la première.